AF470103

DUVELLE,

RESTAURATEUR-GLACIER,

Rue de Rivoli, N° 18,

AU COIN

De la place des Pyramides.

LA PLUS GRANDE PARTIE DES METS NE SE FAISANT QU'AU MOMENT OU ON LES DEMANDE, ON EST INVITÉ A LES COMMANDER D'AVANCE POUR ÉVITER D'ATTENDRE.

Les mets dont les prix ne sont pas fixés manquent.

1828.

IMPRIMÉ CHEZ PAUL RENOUARD, RUE GARENCIÈRE, N° 5.

PAINS.	liv.	s.	*Potages.*
Petit pain.		4	
Petit pain anglais.		5	*Vins rouges.*

POTAGES.

	liv.	s.	
De santé.		10	*Vins blancs.*
A la julienne.		8	*Hors-d'œuvre.*
Printanier.		10	*Bœuf.*
Aux choux.		8	
Consommé.		10	*Pâtisserie.*
Au riz.		8	*Entrées de veau.*
Au riz tomate.		10	*Entrées de mouton.*
Au riz créci.		12	*Entrées de volaille.*
Au riz turc.		15	
Au riz purée.		10	
Au vermicelle.		8	*Entrées de gibier.*
Au vermicelle purée.		10	*Entrées de poisson.*
Au vermicelle créci.		12	*Rots de volaille*
A la Condé.		10	*et gibier.*
A la Conti.		10	*Rôts de poisson.*
Créci croutons.		10	
Au macaroni.		15	*Légumes.*
En tortue.	1	10	
A la reine.	2	10	*ntremets sucres.*

Dessert.

Vins de liqueur.

Café et liqueurs.

VINS ROUGES.	liv.	s.
Bourgogne ordinaire.	1	5
Mâcon.	1	10
Thorin.	2	
Vin de Beaune.	2	
Idem, première qualité.	3	
Moulin à vent.	2	10
Pomard	3	10
Volney.	3	10
Nuits.	4	
Chambertin.	5	
Romanê Conti.	6	
Clos de Vougeot.	8	
Bordeaux--Médoc.	3	
Idem Haut-Brion.	4	
Idem Saint-Julien.	4	
Idem Château-Margo.	5	
Idem Mouton.	5	
Idem Laffite.	5	
Idem Laffite, première qualité. . .	6	
Tavel.	2	10
Côte-Rôtie.	4	10
Ermitage.	5	
Vin de Porto.	5	
Bière anglaise.	1	

NOTA. Les vins au-dessus de l'ordinaire sont en demi-bouteille pour les personnes qui n'en desirent que cette quantité. Toute bouteille cachetée sur laquelle il ne serait pris qu'une partie sera payée entière.

Vins rouges.

Vins blancs.

Hors-d'œuvre.
Bœuf.

Pâtisserie.

Entrées de veau.

Entrées de mouton.
Entrées de volaille.

Entrées de gibier.
Entrées de poisson.

Rots de volaille
et gibier.

Rôts de poisson.

Légumes.

ntremets sucres.
Dessert.

Vins de liqueur.

Café et liqueurs.

VINS BLANCS.

	liv.	s.
Chablis ordinaire.	1	10
Chablis première qualité.	2	
Poully.	2	
Mursault.	3	10
Montrachet.	4	
Grave.	4	
Barsac.	4	10
Sauterne.	5	
Côte-Rôtie.	4	10
Saint-Perray.	4	10
Ermitage..	5	
De Porto.	5	
Du Rhin.	12	
Tisane de Champagne.	3	10
Idem frappée.	4	10
D'Aï.	5	
Champagne mousseux.	5	
Idem rosé.	5	
De Sillery.	7	
Bourgogne mousseux.	6	
Eau de Seltz.		15
Idem la demi-bouteille.		10

Nota. Les vins au-dessus de l'ordinaire sont
en demi-bouteille pour les personnes qui n'en
desirent que cette quantité. Toute bouteille
cachetée sur laquelle il ne serait pris qu'une
partie sera payée entière.

Vins blancs.

Hors-d'œuvre.
Bœuf.

Pâtisserie.

Entrées de veau.

Entrées de mouton.
Entrées de volaille.

Entrées de gibier.
Entrées de poisson.

Rots de volaille
et gibier.

Rôts de poisson.

Légumes.

ntremets sucres.

Dessert.

Vins de liqueur.

Café et liqueurs.

HORS-D'OEUVRE FROIDS.

	liv.	s.
Huîtres, la douzaine.		12
Huîtres vertes. *Idem* d'Ostende.		
Un citron.		
Raves ou radis ou beurre.		4
Une tranche de melon.		
Figues.		
Olives.		12
Cornichons.		6
Thon mariné.		12
Sardines.		12
Salade d'anchois.		15
Artichauts à la poivrade.		
Jambon de Bayonne à la gelée. . . .	1	
Saucisson de Lyon.		15
Langue de bœuf à l'écarlate. . . .		12

HORS-D'OEUVRE CHAUDS.

	liv.	s.
Pommes de terre à l'eau de sel. . . .		10
Deux saucisses au naturel.		8
Idem aux choux.		12
Petit salé aux choux.		15
Idem à la choucroûte.		15
Pieds de cochon à la Ste-Menehould.		10
Idem farcis aux truffes.	1	10
Boudin blanc 15 s., boudin noir. .		10
Jambons aux épinards.	1	
Coquille de volaille aux champig. .	1	10
Coquille d'huîtres.	1	10
Croquettes de volaille ou de gibier.	1	10

Hors-d'œuvre.
Bœuf.

Pâtisserie.
Entrées de veau.

Entrées de mouton.
Entrées de volaille.

Entrées de gibier.
Entrées de poisson.

Rôts de volaille et gibier.

Rôts de poisson.

Légumes.

Entremets sucrés.
Dessert.

Vins de liqueur.

Café et liqueurs.

BOEUF.	liv.	s.
Bœuf au naturel.		8
Idem garni à la flamande.		15
Idem aux choux.		12
Idem sauce tomate.		12
Idem sauce piquante.		10
Filet de bœuf piqué et rôti.	1	5
Filet de bœuf sauté au vin de Madère.	1	5
Beefsteak à l'anglaise.		18
Idem au cresson.		18
Idem aux pommes de terre.		18
Idem aux petits pois.		
Idem sauté dans sa glace.	1	
Idem sauté aux champignons. . . .	1	5
Idem sauté aux truffes.	1	10
Idem sauté aux olives.	1	5
Idem au beurre d'anchois.	1	
Idem à la jardinière.	1	5
Entre-côte sauce piquante. . . . , .		18
Palais de bœuf au gratin.	1	
Idem à la poulette.		18
Langue de bœuf sauce piquante. . .		18
Idem sauce tomate.	1	
Idem à la chicorée ou aux épinards.	1	
Idem en papillotte.	1	
Rosbif à l'anglaise.	1	

Bœuf.

Pâtisserie.

Entrées de veau.

Entrées de mouton.
Entrées de volaille.

Entrées de gibier.
Entrées de poisson.

*Rôts de volaille
et gibier.*

Rôts de poisson.

Légumes.

ntremets sucrés.

Dessert.

Vins de liqueur.

Café et liqueurs.

PATISSERIE.	liv.	s.
Deux petits pâtés au naturel.. . .		8
Deux petits pâtés au jus.	1	
Deux petits pâtés à la Béchamel. . .	1	
Une croustade de volaille	1	
Vol-au-vent à la financière.	1	15
Idem de morue à la Béchamel.. . .	1	10
Idem de cervelle à l'allemande.. . .	1	10
Idem de blancs de volaille.	1	15
Idem aux truffes..	2	
Idem d'anguille.	1	10
Idem de laitances de carpe.		
Idem de turbot.	1	15
Idem de saumon.	1	15
Idem de légumes.	1	10
Pâté de foie gras aux truffes. . . .	1	15

Pâtisserie.

Entrées de veau.

Entrées de mouton.
Entrées de volaille.

Entrées de gibier.
Entrées de poisson.

*Rôts de volaille
et gibier.*

Rôts de poisson.

Légumes.

Entremets sucrés.
Dessert.

Vins de liqueur.

Café et liqueurs.

ENTRÉES DE VEAU.	liv.	s.
Fricandeau à l'oseille ou à la chicorée.	1	
Idem au jus ou sauce tomate.		18
Idem aux laitues.		
Idem aux pois ou aux haricots verts.		
Idem aux concombres.		
Tête de veau au naturel.		18
Idem en tortue.	1	15
Cotelette de veau au naturel. . . .		18
Idem en papillotte.	1	
Idem sauté ou à la chicorée. . . .	1	
Riz de veau à l'oseille ou à la chicorée.	2	
Idem à la jardinière.	2	
Idem à la financière ou à la Toulouse.	2	10
Idem aux pois.		
Idem au jus ou sauce tomate	2	
Idem en coquille ou en caisse. . . .	2	
Idem aux pointes d'asperges. . . .		
Oreille de veau farcie et frite. . . .	1	5
Oreille en marinade ou sauce tomate.		18
Tendons à l'oseille ou à la chicorée.		18
Idem à la poulette ou sauce tomate.		18
Cervelle en marinade.		18
Idem en mayonnaise.	1	5
Idem sauce tomate ou au beurre noir.		18
Foie de veau sauté.		18
Foie de veau frit à l'italienne. . . .		18
Blanquette de veau aux champignons.		18
Langue sauce piquante.		18
Idem à la sauce tomate.		18
Idem en papillotte.		18
Veau de Pontoise rôti.	1	

Entrées de veau.

Entrées de mouton.
Entrées de volaille.

Entrées de gibier.
Entrées de poisson.

*Rôts de volaille
et gibier.*

Rôts de poisson.

Légumes.

Entremets sucrés.
Dessert.

Vins de liqueur.

Café et liqueurs.

ENTRÉES DE MOUTONS.

	liv.	s.
Pieds à la poulette.		18
Idem aux truffes.	1	5
Deux rognons à la brochette.		16
Idem sautés au vin de champagne. .		18
Deux cotelettes au naturel ou panées.		16
Idem sautées à la minute.	1	
Idem à la jardinière.	1	4
Idem à la financière.	1	10
Idem à la Soubise.	1	4
Idem à la chicorée ou aux épinards.	1	4
Idem aux laitues.		
Idem aux pois.		
Idem aux concombres.		
Poitrine de mouton panée.		15
Idem aux navets ou aux pois. . . .		
Carbonnade à la Soubise.	1	5
Idem aux laitues.		
Idem à la chicorée ou aux racines. .	1	
Idem à la bretonne ou sauce tomate.	1	
Epigramme d'agneau aux champig.		
Idem aux laitues.		
Idem aux pointes d'asperges.		
Idem aux petits pois.		
Idem aux concombres.		
Idem à la jardinière.		
Gigot rôti.	1	

Entrées de mouton.
Entrées de volaille.

Entrées de gibier.
Entrées de poisson.

Rôts de volaille et gibier.

Rôts de poisson.

Légumes.

Entremets sucrés.
Dessert.

Vins de liqueur.

Café et liqueurs.

ENTRÉES DE VOLAILLE.	liv.	s.	Nota. Les ailes de poulet se paient 5 s. de plus.
Chapon au gros sel, 8 fr., la moitié.	4		
Idem la cuisse, 2 fr., l'aile.	2	5	
Chapon au riz.	10		
Idem la cuisse 2 fr. 10 s., l'aile. . .	2	15	
Poulet à l'estragon, 5 fr., la moitié. .	2	10	
Idem au riz, 6 fr., la moitié	3		
Fricassée de poulet, le quart. . . .	1	10	
Cuisse de poulet à la jardinière. . .	1	10	
Idem en fritot ou à la tartare. . . .	1	10	
Idem à la gelée.	1	10	
Idem en papillotte ou sauce tomate.	1	10	
Demi-poulet sauté aux champignons.	3		
Idem aux truffes.	4		*Entrées de volaille.*
Demi-poulet à la Marengo.	3		
Idem à la Marengo aux truffes. . .	4		
Capilotade de volaille.	1	10	
Blanquette de volaille.	1	10	*Entrées de gibier.*
Idem aux truffes.	2		*Entrées de poisson.*
Mainade de volaille.	1	10	
Salade de volaille.	2		*Rots de volaille*
Mayonnaise de volaille.	2		*et gibier.*
Suprême de volaille.	2		*Rôts de poisson.*
Id. aux truffes 2 fr. 10 s. aux concomb.			
Idem à la Toulouse ou à la financière.	2	10	*Légumes.*
Karic à l'indienne.	1	10	
Pigeon à la crapaudine.	2		
Pigeon aux petits pois.			*ntremets sucres.*
Un caneton aux nav., 5 f. 10 s. la moit.	3		*Dessert.*
Deux ailerons à la maître-d'hôtel. . .			
Idem aux truffes.			*Vins de liqueur.*
Idem aux olives.			
Galantine de volaille.	1	5	*Café et liqueurs.*

ENTRÉES DE GIBIER.

	liv.	c.
Perdrix aux choux, la moitié. . . .		
Perdrix, sauce Périgueux, la moitié.		
Salmi de perdreaux gris.		
Salmi de perdreaux gris aux truffes. .		
Salmi de bécasses.		
Idem aux truffes.		
Deux filets de perdreaux saut. aux truf.		
Un perdreau sauté aux champignons.		
Un perdreau à la Marengo.		
Un perdreau sauté aux truffes. . . .		
Un perdreau à la crapaudine.. . . .		
Salmi de perdreaux rouges..		
Salmi de perdreaux rouges aux truffes		
Un perdreau rouge sauté aux truffes.		
Idem à la Marengo.		
Idem sauté aux champignons. . . .		
Caille à la jardinière.		
Caille à la financière aux truffes. . .		
Caille en caisse ou au gratin. . . .		
Mauviettes sautées aux fines herbes. .		
Mauviettes sautées aux truffes.. . . .		
Mauviettes en caisse ou au gratin. .		
Filet de lapereau sauté.		
Filet de lapereau sauté aux truffes. .		
Filet de chevreuil.		
Capilotade de faisan.		
Idem aux truffes..		

Entrées de gibier.
Entrées de poisson.

*Rots de volaille
et gibier.*

Rôts de poisson.

Légumes.

ntremets sucres.
Dessert.

Vins de liqueur.

Café et liqueurs.

ENTRÉES DE POISSON.	liv.	s.
Turbot sauce aux câpres ou à l'huile.	1	10
Turbot à la hollandaise.	1	15
Turbot à la béchamel au gratin. . .	2	
Morue à la maître-d'hôtel.	1	
Idem à la hollandaise.	1	5
Idem à la provençale.	1	10
Idem à la Béchamel.	1	5
Laitances de carpes frites ou à la poul.		
Laitances sautées aux truffes.		
Anguille à la tartare ou à la poulette.	1	10
Eperlans au gratin.	2	
Matelotte de carpe et d'anguille. . . .	1	10
Sole sur le plat au vin de champagne.	1	15
Sole en matelote normande.	1	15
Sole au gratin.	1	15
Filets de soles à la Orly.	2	
Sauté de filets de soles.	2	
Sauté de filets de soles aux truffes. .	2	10
Merlans à l'italienne.		
Filets de merlans frits ou au gratin.		
Demi-maquereau à la maître-d'hôtel.		
Saumon sauce aux câpres.	1	10
Truite au bleu ou à la génevoise. . .	1	10
Raie sauce aux câpres ou au beurre noir	1	
Cabillaud à la flamande.	1	10
Deux harengs sauce moutarde. . . .		
Alose grillée à l'oseille.		
Un rouget grillé.		
Idem au gratin.		
Moules à la poulette.		

Entrées de poisson.

*Rots de volaille
et gibier.*

Rôts de poisson.

Légumes.

ntremets sucres.

Dessert.

Vins de liqueur.

Café et liqueurs.

RÔTS DE VOLAILLE ET GIBIER.	liv.	s.
Une poularde au cresson.	8	
Poularde truffée.		
Poulet rôti, 5 fr., la moitié.	2	10
La cuisse 1 fr. 5 s., l'aile.	1	10
Un poulet truffé.		
Pigeon de volière.	2	
Un caneton de Rouen.	5	
Perdreau rouge.		
Idem farci aux truffes.		
Perdreau gris.		
Idem farci aux truffes.		
Une caille.		
Une bécasse.		
Une bécassine.		
Un pluvier doré.		
Deux grives.		
Trois mauviettes.		
Canard sauvage.		
Une sarcelle.		
Un faisan.		
Agneau rôti.		
Romaine.		
Laitue.		
Chicorée blanche. . . .		
Chicorée verte.	Salade	
Scarole.	de	
Mâches et betteraves. .	saison.	
Céleri.		

Rôts de volaille
et gibier.

Rôts de poisson.

Légumes.

ntremets sucrés.

Dessert.

18

Vins de liqueur.

Café et liqueurs.

RÔTS DE POISSON.

	liv.	s.
Sole frite.	I	5
Idem à la Colbert.	2	
Carpe frite, la moitié.	1	5
Eperlans frits.	1	10
Merlan frit.		
Carlet frit.		
Limande frite.		
Goujons frits.		
Ecrevisses.	I	I
Crevettes.		
Homard.		

Rôts de poisson.

Légumes.

ntremets sucres.

Dessert.

Vins de liqueur.

Café et liqueurs.

OEUFS.

	liv.	s.
Deux œufs frais.		8
Omelette aux fines herbes.		15
Idem aux truffes.	1	5
Idem au jambon.		18
Idem au parmesan.		18
Idem aux rognons.	1	
Idem aux pointes d'asperges. . . .		
OEufs brouillés au jus.		15
Idem au parmesan.		18
Idem aux pointes d'asperges. . . .		
Idem aux truffes.	1	5
OEufs farcis à la polonaise.	1	5
Deux œufs frits sauce tomate. . . .		15
Deux œufs pochés au jus.		15
Idem pochés à l'oseille.		15
OEufs au beurre noir.		15
Idem au miroir.		15
Idem sur le plat au parmesan. . . .		18
Idem à la Béchamel.		18

OEufs.

Légumes.

ntremets sucres.

Dessert.

Vins de liqueur.

Café et liqueurs.

<table>
<tr><td>### LÉGUMES.</td><td>liv.</td><td>s.</td></tr>
</table>

	liv.	s.
Asperges à la sauce ou à l'huile. . . .		
Asperges en petits pois.		
Petits pois au sucre ou à l'anglaise.		
Haricots verts à l'anglaise.		
Id. sautés au beurre ou à la poulette.		
Epinards ou chicor. au jus ou à la crême		15
Artichauts à la sauce ou frits. . . .		
Idem à la barigoule.		
Idem à la provençale.		
Idem sautés à l'anglaise.		
Choux-fleurs à la sauce.	1	
Idem au parmesan.	1	5
Macaronis à l'italienne ou au gratin.	1	
Laitues au jus.		
Fèves de marais à la crême.		
Haricots blancs à la maître-d'hôtel.		
Pommes de terre à la maître-d'hôtel.		15
Idem sautées à la lyonnaise		15
Purée de pomm. de terre aux croûtons.	1	
Choux de Bruxelles à la flamande. .		
Cardons à l'espagnole.		
Céleri au jus.		
Croute aux champignons.	1	5
Idem aux truffes.	2	
Truffes au vin de champagne. . . .	2	
Truffes à la provençale ou à l'italienne.	2	
Salsifis à la sauce ou frits.		
Tomates à l'italienne.		
Aubergines à la provençale. . . .		
Patates d'Amérique.		
Brocolis à la sauce.		
Concombres à la crême ou au jus. .		

Légumes.

ntremets sucres.

Dessert.

Vins de liqueur.

Café et liqueurs.

ENTREMETS SUCRÉS.

	liv.	s.
Petite pâtisserie mêlée.		15
Tourte aux fruits.	1	5
Crême au chocolat ou au café. . . .		10
Idem à la fleur d'orange.		10
Charlotte de pommes aux abricots. .	1	15
Beignets de pommes.	1	
Idem de poires.	1	
Idem de pêches ou d'abricots. . . .		
Gâteau de riz au citron.	1	10
Croquettes de riz.	1	10
Riz soufflé au citron.	1	10
Omelette soufflée à la fleur d'orange.	1	10
Soufflé de pommes de terre.	1	10
Soufflé au chocolat ou au café. . . .	1	15
Omelette sucrée.	1	
Omelette sucrée aux confitures. . .	1	5
Plombpouding au vin de Madère. . .	2	
Deux meringues à la crême.	1	
Deux meringues aux confitures. . .	1	
Deux meringues glacées.	1	10
Gelée d'orange.	1	
Gelée de citron.	1	
Gelée au rhum.	1	
Charlotte à la russe aux fraises. . .		
Idem à la vanille.	1	15
Idem Plombière.	1	15
Fromage bavarois aux fraises. . . .		
Idem à la vanille.	1	15
Crême plombière.	1	15

à la vanille. . . 2 f.

Entremets sucres.

Dessert.

Vins de liqueur.

Café et liqueurs.

DESSERT.

	liv.	s.
Fromage de Roquefort ou de Chester.		8
Idem de Brie, Gruyère ou Neufchâtel.		6
Fromage à la crême.	1	
Cerneaux ou noix vertes.		
Amandes vertes ou noisettes.		15
Compotes de poires ou pommes. . .		
Idem d'abricots ou de pêches. . . .		
Idem d'oranges, *Idem* de cerises. .		12
Idem de cédrats, *Idem* de pruneaux.		15
Gelée d'épine vinette.		15
Gelée de groseilles ou de pommes. .		15
Marmelade d'abricots..		15
Marmelade de pommes grillées. . . .		
Fraises, framboises et groseil. au sucre		
Prunes de reine-claude ou de monsieur		
Cerises anglaise et de Montmorency.		
Chasselas de Fontainebleau.		
Pomme de Calville.		
Poire de doyenné ou de beurré.. . .		
Poire de St.-Germain ou crassanne.		
Une pêche au sucre.		
Deux abricots.		
Une orange au sucre.		10
Quatre-mendians.		8
Un biscuit en moule ou de Reims. .		8
Biscuit à la cuiller.		10
Macarons ou petit-four.		
Marrons grillés.		
GLACES.		

Dessert.

Vins de liqueur.

Café et liqueurs.

<table>
<tr><td colspan="2">VINS DE LIQUEUR.</td><td>liv.</td><td>s.</td></tr>
<tr><td>Madère sec.</td><td></td><td>6</td><td></td></tr>
<tr><td>Idem première qualité.</td><td></td><td>8</td><td></td></tr>
<tr><td>Muscat de Lunel.</td><td></td><td>4</td><td>10</td></tr>
<tr><td>Muscat de Grenache.</td><td></td><td>4</td><td>10</td></tr>
<tr><td>Malaga.</td><td></td><td>6</td><td></td></tr>
<tr><td>Alicante.</td><td></td><td>6</td><td></td></tr>
<tr><td>Rota.</td><td></td><td>7</td><td></td></tr>
<tr><td>Xérès.</td><td></td><td>7</td><td></td></tr>
<tr><td>Paxaret.</td><td></td><td>7</td><td></td></tr>
<tr><td>Chypre.</td><td></td><td>12</td><td></td></tr>
<tr><td>Malvoisie de Madère.</td><td></td><td>8</td><td></td></tr>
<tr><td>Constance, la demi-bouteille.</td><td></td><td>18</td><td></td></tr>
<tr><td>Tokay, la demi-bouteille.</td><td></td><td>15</td><td></td></tr>
<tr><td>Du Cap, la demi-bouteille.</td><td></td><td>15</td><td></td></tr>
<tr><td>Wermouth, la demi-bouteille.</td><td></td><td>5</td><td></td></tr>
<tr><td colspan="2">VINS DE LIQUEUR, le verre.</td><td></td><td></td></tr>
<tr><td>Madère, Lunel, Malaga.</td><td></td><td></td><td>15</td></tr>
<tr><td>Alicante, Malvoisie, Rota.</td><td></td><td></td><td>15</td></tr>
<tr><td>Xérès, Paxaret.</td><td></td><td></td><td>15</td></tr>
<tr><td>Wermouth.</td><td></td><td></td><td>15</td></tr>
</table>

Vins de liqueur.

Café et liqueurs.

CAFÉ ET LIQUEURS.

	liv.	s.
Café, la demi-tasse.		8
Eau-de-vie de Cognac.		4
Idem d'Andaye.		8
Idem de Dantzick.		12
Extrait d'absinthe verte et blanche.		8
Crême d'absinthe.		8
Kirchewaser.		8
Rhum vieux de la Jamaïque.		8
Anisette de Hollande.		10
Anisette de Bordeaux.		8
Curaçao de Hollande.		10
Crême de noyau.		8
Crême de fleur d'orange.		8
Idem de menthe.		8
Idem de café.		8
Idem de framboise.		8
Marasquin de Zara.		15
Huile de rose.		8
Liqueurs des îles.		15
Rosolio.		10
Gouttes de Malte.		10
Crême de cachou.		10
Elixir de Garus.		10
Huile de vanille		12
Scubac de Lorraine.		8
Crême de thé.		8
Alchermes.		15
Crême de Péko.		15
Cerises à l'eau-de-vie.		10
Abricot et prune à l'eau-de-vie. . .		10
Pêche à l'eau-de-vie.		12

Café et liqueurs.